BEI GRIN MACHT SICH IHR
WISSEN BEZAHLT

Handlungsfelder der Prävention psychischer Erkrankungen

Bibliografische Information der Deutschen Nationalbibliothek:

Die Deutsche Nationalbibliothek verzeichnet diese Publikation in der
Deutschen Nationalbibliografie; detaillierte bibliografische Daten sind
im Internet über http://dnb.d-nb.de abrufbar.

ISBN: 9783389045565
Dieses Buch ist auch als E-Book erhältlich.

Druck und Bindung: Books on Demand GmbH, Norderstedt Germany
Gedruckt auf säurefreiem Papier aus verantwortungsvollen Quellen

Das vorliegende Werk wurde sorgfältig erarbeitet. Dennoch
übernehmen Autoren und Verlag für die Richtigkeit von Angaben,
Hinweisen, Links und Ratschlägen sowie eventuelle Druckfehler keine
Haftung.

Das Buch bei GRIN: https://www.grin.com/document/1486977

Inhaltsverzeichnis

1 Einleitung

Im Zeitalter zunehmender beruflicher Anforderungen und dem Bewusstsein für die Bedeutung von Gesundheit am Arbeitsplatz gewinnt die Prävention einen immer höheren Stellenwert. Diese Einsendeaufgabe widmet sich eingehend den verschiedenen Perspektiven der Prävention, die von der individuellen Ebene bis hin zu institutionellen Maßnahmen reichen. Dabei werden spezifische Aspekte wie Persönlichkeitseigenschaften im Zusammenhang mit Gesundheit, die Rolle der Führung in diesem Kontext, sowie die individuelle Prävention durch Coaching am Arbeitsplatz beleuchtet.

Der erste Abschnitt dieser Arbeit betrachtet die universelle Perspektive der Prävention und geht dabei besonders auf die Bedeutung von Persönlichkeitseigenschaften im Kontext der Gesundheit ein. Der Fokus liegt hier auf der Identifikation von Merkmalen, die einen Einfluss auf das Wohlbefinden am Arbeitsplatz haben. Der zweite Aspekt der universellen Perspektive widmet sich der Rolle der Führung in Bezug auf die Gesundheit der Mitarbeiter. Hier werden nicht nur die direkten Auswirkungen von Führung auf das Arbeitsumfeld betrachtet, sondern auch, wie Führungskräfte präventive Maßnahmen implementieren können. Im dritten Abschnitt der Arbeit wird die individuelle Perspektive der Prävention durch die Linse des Coachings am Arbeitsplatz analysiert. Ein selbstkonstruiertes Fallbeispiel dient als Illustration, um die beteiligten Berufsgruppen und ihre Aufgaben im Coachingprozess zu verdeutlichen. Den institutionellen Aspekt der Prävention betrachtend, wird im vierten Abschnitt das transaktionale Stresskonzept von Lazarus eingeführt. Dieses Modell dient als Grundlage, um unterschiedliche Coping-Strategien zu beleuchten, die in stressigen Situationen angewendet werden können. Die Arbeit schließt mit einer Diskussion und einem Fazit ab, in denen die Erkenntnisse der verschiedenen Perspektiven zusammengeführt werden. Dabei werden auch offene Fragen und mögliche Ansatzpunkte für zukünftige Forschung oder Interventionen im Bereich der Gesundheitsprävention am Arbeitsplatz aufgezeigt.

2 Universelle Perspektive der Prävention

2.1 Persönlichkeitseigenschaften im Zusammenhang mit Gesundheit

Persönlichkeitsmerkmale werden traditionell als Einflussfaktoren auf die körperliche und psychische Gesundheit betrachtet. Diese Annahme erscheint plausibel, da Persönlichkeitsmerkmale stabile und konsistente Muster von Erleben und Verhalten beschreiben, die wiederum Auswirkungen auf die Gesundheit haben können. Der Einfluss der Persönlichkeit auf die Gesundheit wird in verschiedenen theoretischen Kontexten erforscht. Epidemiologische Studien zu Krebs oder Herzerkrankungen untersuchen bestimmte Eigenschaften als potenzielle Risikofaktoren. In der Stressforschung liegt der Fokus seit den 1980er Jahren auf gesundheitsfördernden Merkmalen, die einen Schutz vor den negativen Auswirkungen von Stress bieten. Diese als personale Ressourcen betrachteten Eigenschaften stehen im Zentrum der Gesundheitspsychologie. Die "epidemiologische Persönlichkeitsforschung" ist eine neuere Entwicklung, die darauf abzielt, den potenziellen Einfluss von Persönlichkeitsmerkmalen auf kritische Verhaltensweisen zu untersuchen, basierend auf repräsentativen Stichproben und unter Berücksichtigung der Entwicklungsperspektive. Ein Beispiel ist die Entdeckung der Gewissenhaftigkeit im Rahmen des Big Five-

Modells als Schutzfaktor in explorativen Ansätzen. Unabhängig vom theoretischen Kontext stellt sich bei allen Ansätzen die Frage, auf welche Weise Persönlichkeitsmerkmale die Gesundheit beeinflussen. In der Literatur werden fünf mögliche Mechanismen diskutiert, über die Persönlichkeitsmerkmale eine gesundheitsfördernde oder -gefährdende Wirkung entfalten können. Zwei weitere Zusammenhänge, bei denen die Persönlichkeit nicht direkt die Gesundheit beeinflusst, aber dennoch damit verbunden ist, werden ebenfalls betrachtet. Diese Mechanismen schließen sich nicht gegenseitig aus, und es wird angenommen, dass sie je nach Person, Merkmal, Verhalten und Situation in einem komplexen Wirkgefüge wirksam werden. *(Renneberg, 2006)*

- Physiologische Reaktionen: Persönlichkeitsmerkmale können über die physiologischen Begleitreaktionen von affektiven und kognitiven Prozessen die Gesundheit beeinflussen. Negative affektive Zustände wie Angst oder Stress können mit ungünstigen kardiovaskulären und neuroimmunologischen Reaktionen einhergehen, während positive Erwartungen positive physiologische Effekte haben können.

- Direkte Folgen von Verhalten: Persönlichkeitsmerkmale können die Gesundheit durch direkte Folgen von Verhalten beeinflussen. Zum Beispiel wurde ein Zusammenhang zwischen Feindseligkeit und erhöhtem Alkoholkonsum und Rauchen festgestellt. Gewissenhaftigkeit hingegen zeigt eine Verbindung zu gesünderem Verhalten, wie weniger Nikotinkonsum und Alkoholkonsum sowie geringeres Unfallrisiko.

- Indirekte Folgen von Verhalten: Hier wird angenommen, dass Persönlichkeitsmerkmale über bestimmte Verhaltensweisen indirekt gesundheitsfördernd oder -gefährdend sind. Ein Beispiel ist das abweisende Verhalten, das mit Feindseligkeit verbunden sein kann und andere von sozialer Unterstützung abhält, was wiederum negative Auswirkungen auf die Gesundheit haben kann.

- Selektion von Umwelten: Personen können aufgrund ihrer Persönlichkeitsmerkmale bestimmte gesundheitsfördernde oder - gefährdende Situationen aufsuchen oder schaffen. Diese Selektion kann direkte oder indirekte Auswirkungen auf die Gesundheit haben, abhängig von den Bedürfnissen, Zielen oder Fähigkeiten der Person.

- Krankheitsverhalten: Persönlichkeitsmerkmale können das Krankheitsverhalten beeinflussen, das die Wahrnehmung von Symptomen und alle Verhaltensweisen umfasst, die Personen zeigen, die sich als krank wahrnehmen. Menschen unterscheiden sich in ihrem Krankheitsverhalten, und Neurotizismus ist beispielsweise mit einer erhöhten Sensitivität für Symptome verbunden.

Es wird auch darauf hingewiesen, dass Persönlichkeitsmerkmale und Gesundheit eine gemeinsame Ursache haben können oder dass Persönlichkeitsmerkmale als Folge einer bereits vorhandenen Erkrankung auftreten können. Diese unterschiedlichen Mechanismen bieten eine breite Perspektive für die Erforschung der Verbindung zwischen Persönlichkeit und Gesundheit. *(Renneberg, 2006)*

2.2 Führung und Gesundheit

Die Veränderungen in der Arbeitswelt, wie erhöhte Arbeitsintensivierung, Flexibilisierung und Kommunikationsverdichtung, haben zu psychischen Belastungen, einem Anstieg von Arbeitsunfähigkeitstagen und Frühverrentungen aufgrund psychischer Beeinträchtigungen geführt. Dies hat den Bedarf erhöht, die Gesundheit der Beschäftigten besser zu schützen und zu fördern. Die Rolle der Führungskraft in Bezug auf die Gesundheit der Mitarbeiter wird sowohl in der Praxis als auch in der Forschung zunehmend diskutiert. Gemäß dem biopsychosozialen Gesundheitsverständnis bedeutet Gesundheit nicht nur die Abwesenheit von Krankheit, sondern auch die individuelle Handlungsfähigkeit und das subjektive Wohlbefinden. Gesundheit wird als multidimensional betrachtet, einschließlich körperlicher, psychischer und sozialer Aspekte. Sie wird aktiv vom Individuum hergestellt, jedoch durch verschiedene Einflussfaktoren beeinflusst. In der betrieblichen Praxis wird oft die Beeinflussbarkeit der Gesundheit durch betriebliche Faktoren unterschätzt, da gesundheitliche Risiken meist auf der privaten Seite gesehen werden. Arbeitsbedingungen spielen jedoch aufgrund des hohen zeitlichen Anteils der Erwerbsarbeit an der Lebenszeit eine entscheidende Rolle für die Gesundheit, wobei Führung maßgeblich darüber entscheidet, in welche Richtung die Arbeitsbedingungen wirken. Studien zeigen, dass positive Führungsstile wie transformationale Führung mit weniger Stresserleben und besserer Gesundheit der Mitarbeiter einhergehen, während negative Führungsstile wie destruktive Führung mit mehr Stresserleben und schlechterer Gesundheit assoziiert sind. Um die Zusammenhänge genauer zu betrachten, werden vier Wirkmechanismen diskutiert: Direkter Einfluss von Führung durch Verhalten und Kommunikation, indirekter Einfluss durch

Gestaltung der Arbeitsbedingungen, Stressfaktoren, denen Führungskräfte selbst ausgesetzt sind, und die Rolle von Führungskräften als Vorbilder, sowohl in Bezug auf Leistung als auch Gesundheit. Es wird weiterhin angenommen, dass Führung auch über die Gestaltung der Arbeitsbedingungen einen Einfluss auf die Gesundheit der Mitarbeiter nimmt. Studien deuten darauf hin, dass transformationales Führungsverhalten indirekt über Aufgabenmerkmale und Arbeitsbedingungen wirkt. Mitarbeiter unter transformationaler Führung berichten häufiger über positive Aspekte der Arbeitsgestaltung, was wiederum mit höherem Wohlbefinden verbunden ist. *(Gerardi, 2014)*

Die BARMER betont die Bedeutung eines mitarbeiterorientierten Führungsstils, der die Motivation, Produktivität und ein positives Betriebsklima fördert. Sie bietet Unterstützung für gesunde Führung, insbesondere im Kontext von Home-Office und mobiler Arbeit. In Online-Seminaren erfahren Führungskräfte, wie sie erfolgreich auf Distanz führen können, wobei auf die Dimensionen der gesunden Führung eingegangen wird. Die BARMER bietet maßgeschneiderte Veranstaltungen zur Integration von Gesundheit in den Führungsauftrag an. Der Workshop "Führungaktiv" sensibilisiert Führungskräfte für die Erhaltung und Förderung der Gesundheit ihrer Mitarbeiter, insbesondere im Hinblick auf psychosoziale Belastungen. Verschiedene Führungsstile werden beleuchtet, wobei der Fokus auf dem Umgang mit Stress liegt. Die Workshops helfen, ein Bewusstsein für Belastung, Warnsignale und Stressfolgen zu entwickeln, sowohl bei sich selbst als auch bei den Mitarbeitern, und geben praktische Tipps für den Umgang mit belasteten Mitarbeitern. Das Ziel ist die Vermittlung von Führungskompetenzen im Umgang mit psychosozialen Belastungen. (Barmer, 2022)

Viele Führungsansätze gehen davon aus, dass nicht nur die direkte Belastung der Mitarbeiter durch eine negative Beziehung zu ihren Vorgesetzten besteht, sondern auch verschiedene psychosoziale Belastungen wie unzureichende Kommunikation, mangelnde Autonomie, Konflikte und Verantwortungsdruck in unterschiedlichem Maße mit der Unternehmensführung in Verbindung stehen. Mit anderen Worten: Führungskräfte beeinflussen die Belastungssituation der Mitarbeiter sowohl unmittelbar als auch mittelbar. Im Weiteren werden förderliche Ressourcen für die Gesundheit der Beschäftigten vorgestellt, auf die Führungskräfte Einfluss nehmen können. *(Seibel, Dieter, Horst, 1984)*

Nach Hacker und Richter (1998) werden drei Ressourcenbereiche im betrieblichen Kontext unterschieden, die in interne und externe Ressourcen unterteilt sind.

Die externen Ressourcen umfassen organisatorische und soziale Aspekte. Organisatorische Ressourcen beziehen sich auf die betrieblichen und berufsbezogenen Arbeitsbedingungen und Möglichkeiten, die es einer Person erleichtern können, mit den Anforderungen umzugehen. Soziale Ressourcen entstehen aus den zwischenmenschlichen Beziehungen im Unternehmen.

Beispiele für organisatorische Ressourcen sind Aufgabenvielfalt, Tätigkeitsstruktur, Handlungsspielraum, Qualifikationspotenzial, Partizipationsmöglichkeiten und Zeitelastizität. Soziale Ressourcen umfassen Unterstützung durch Vorgesetzte, Kollegen, Partner/Partnerin, andere Personen sowie ein positives Sozial- und Arbeitsklima.

Die internen Ressourcen beziehen sich auf die persönlichen Eigenschaften einer Person. Beispiele hierfür sind kognitive Kontrollüberzeugungen, Kohärenzerleben, Optimismus, Kontaktfähigkeit, Selbstwirksamkeit, Handlungsmuster, Bewältigungsstile und Wissen/Kompetenz.

Ein Vorgesetzter kann durch seinen Einfluss im Unternehmen direkt in den organisatorischen und sozialen Ressourcenbereichen agieren. Dabei beeinflusst er Strukturen im Betrieb, Aufgabengestaltung, Handlungs- und Tätigkeitsspielraum, Aus- und Weiterbildung sowie Partizipationsmöglichkeiten.

Es ist jedoch wichtig zu beachten, dass die drei Ressourcengruppen miteinander verknüpft sind. Das Bereitstellen externer Ressourcen allein reicht nicht aus; die Betroffenen müssen auch in der Lage sein, diese zu nutzen. Persönliche Ressourcen, insbesondere soziale Fähigkeiten, ermöglichen es einer Person, auf vorhandene externe Ressourcen zuzugreifen und diese für sich zu nutzen. *(Fuchs, 2006)*

3 Individuelle Perspektive der Prävention

3.1 Coaching am Arbeitsplatz

Das Gesundheitscoaching am Arbeitsplatz bietet Mitarbeitern und Führungskräften die Gelegenheit, sich intensiv mit ihrem eigenen Wohlbefinden auseinanderzusetzen und dieses im Kontext von Arbeit und Alltag zu steigern. Vor der Entwicklung spezifischer Gesundheitsförderungsmaßnahmen ist es entscheidend, die Ausgangssituation aufzunehmen und eingehend zu analysieren. In Einzelcoachings werden gemeinsam mit einem erfahrenen Gesundheitsberater alle Lebensbereiche durchleuchtet. Dabei werden aktuelle Lebensbedingungen, Gewohnheiten und Beschwerden betrachtet:

- o Wie gestaltet sich die aktuelle Lebenssituation?
- o Wie ist die Konzentration und Motivation während der Arbeitszeit?
- o Welche Maßnahmen werden ergriffen, um damit umzugehen?
- o Wie oft werden Pausen eingelegt, und wie geht man normalerweise mit Stress und knappen Deadlines um?

Eine Ist-Analyse beleuchtet auch bereits vorhandene Maßnahmen zur persönlichen Gesundheit, einschließlich Bewegung und Ernährung. Es wird darauf geachtet, mit welchen Herausforderungen wie mangelnder Konzentration, Müdigkeit oder Anspannung man im Alltag konfrontiert ist. Nach einer präzisen Analyse erstellt der Gesundheitscoach einen Maßnahmenkatalog, der konkrete Tipps und Empfehlungen enthält. Dieser wird ausführlich mit dem Coachee besprochen und zur Umsetzung überreicht. Das übergeordnete Ziel des Coachings besteht darin, Blockaden und Probleme zu identifizieren und zu lösen.

Der Maßnahmenplan trägt zur Verbesserung des Lebensstils und des Gesundheitszustands bei. Die Gesundheitsberatung zielt darauf ab, Energielosigkeit zu überwinden, das Wohlbefinden zu steigern und die Leistungsfähigkeit zu verbessern. *(Karriere.Haus, n.d.)*

3.2 Veranschaulichung beteiligter Berufsgruppen im Coaching anhand eines Fallbeispiels

3.2.1 Vorstellung des Fallbeispiels

Lisa, 35 Jahre alt, ist beruflich stark eingebunden und erfährt Herausforderungen sowohl in Bezug auf ihr Gewicht als auch im Umgang mit beruflichem Stress und emotionalen Belastungen. Beruflich ist sie in einer anspruchsvollen Position tätig, die hohe Anforderungen an ihre Zeit und Energie stellt. Ihr soziales Netzwerk ist für Lisa wichtig, aber sie empfindet eine Lücke in Bezug auf Unterstützung, insbesondere wenn es um ihre Gesundheit geht. Ihre Tage sind oft von einem hektischen Zeitplan geprägt, was es schwierig macht, sich auf eine ausgewogene Ernährung und regelmäßige Bewegung zu konzentrieren. Privat engagiert sich Lisa stark für ihre Gesundheit und Lebensqualität. Sie sucht nach einer ganzheitlichen Unterstützung, die nicht nur auf körperliche Gesundheit, sondern auch auf emotionales Wohlbefinden abzielt. Dabei ist sie offen für verschiedene Ansätze, die ihr helfen können, einen ausgewogenen Lebensstil zu führen. Lisa wünscht sich Unterstützung dabei, gesündere Gewohnheiten zu etablieren und ihre Stressbewältigungsfähigkeiten zu verbessern. Sie ist bereit, aktiv an ihrer eigenen Veränderung zu arbeiten und sucht nach individuellen Lösungen, die in ihren hektischen Alltag integriert werden können. Ihr Ziel ist es, nicht nur physisch gesünder zu werden, sondern auch ihre Lebensqualität insgesamt zu steigern. In dieser Lebensphase ist Lisa offen für neue Wege, um ihre Gesundheit zu optimieren, und freut sich auf eine unterstützende Gemeinschaft, die sie auf diesem Weg begleitet.

3.2.2 Beteiligte Berufsgruppen am Coachingprozess

Ärzte und medizinisches Personal:

Aufgaben:

- Durchführung einer umfassenden Gesundheitsbewertung, einschließlich Blutuntersuchungen und körperlicher Untersuchungen.
- Diagnosestellung von gesundheitlichen Risiken wie Bluthochdruck und Diabetes.
- Bereitstellung von medizinischen Empfehlungen und Behandlungen.

Ernährungsberater:

Aufgaben:

- Analyse von Lisas Ernährungsgewohnheiten und Lebensstil.
- Entwicklung eines personalisierten Ernährungsplans zur Gewichtsreduktion und Förderung eines gesunden Lebensstils.
- Schulung zu ausgewogener Ernährung und Verhaltensänderungen.

Psychologen/Psychotherapeuten:

Aufgaben:

- Identifikation von Stressoren im beruflichen und persönlichen Leben.
  Durchführung von Stressbewältigungsstrategien und mentaler Gesundheitsförderung.
- Unterstützung bei der Entwicklung von emotionaler Resilienz.

Fitness- und Bewegungstrainer:

Aufgaben:

- Erstellung eines angepassten Trainingsplans, der auf Lisas Fitnessniveau und Vorlieben abgestimmt ist.
- Anleitung zu regelmäßiger körperlicher Aktivität und Integration von Bewegung in den Alltag.
- Motivation zu einem aktiven Lebensstil.

Sozialarbeiter:

Aufgaben:

- Analyse sozialer Stressfaktoren wie finanzielle Belastungen oder berufliche Unsicherheiten.
- Vermittlung zu sozialen Diensten und Unterstützung bei der Bewältigung sozialer Herausforderungen.
- Erarbeitung von Strategien zur Verbesserung des sozialen Umfelds.

Verlauf des Coaching-Prozesses:

Erstgespräch:

Lisa trifft sich mit dem interdisziplinären Team zu einem Erstgespräch. Hierbei werden ihre Gesundheitsziele, Herausforderungen und Präferenzen besprochen.

- Medizinische Bewertung: Ärzte führen eine umfassende Gesundheitsbewertung durch und identifizieren gesundheitliche Risiken.

- Individualisierte Intervention: Jede Berufsgruppe entwickelt einen auf Lisa abgestimmten Interventionsplan, der regelmäßig überprüft und angepasst wird.

- Fortlaufende Unterstützung: Das Team arbeitet eng zusammen, um Lisa fortlaufend zu unterstützen, Hindernisse zu überwinden und ihre Fortschritte zu feiern.

4 Institutionelle Perspektive der Prävention

4.1 Transaktionales Stresskonzept von Lazarus

Das Transaktionale Stressmodell von Lazarus und Folkmann (1984) besagt, dass Stress entsteht, wenn eine Person eine als herausfordernd empfundene Situation konfrontiert sieht und nicht sofort weiß, wie sie damit umgehen soll. Dieser Prozess wird in zwei Phasen unterteilt: die primäre Bewertung und die sekundäre Bewertung. In der primären Bewertung überprüft die Person den Reiz hinsichtlich ihres Wohlergehens. Dabei kann der Reiz als irrelevant, positiv oder stresshaft bewertet werden. Wenn als stresshaft bewertet, wird weiter beurteilt, ob bereits ein Schaden oder Verlust eingetreten ist, ob eine Beeinträchtigung droht oder ob es sich um eine positive Herausforderung handelt. Die sekundäre Bewertung beinhaltet die Abschätzung der verfügbaren Bewältigungsressourcen der Person. Dazu gehören Fähigkeiten, Selbstvertrauen, materielle Ressourcen und soziale Unterstützung. Je weniger Ressourcen die Person sieht, desto intensiver wird die Stressreaktion ausfallen. Beide Bewertungen können sich überlappen und gegenseitig beeinflussen. Sie sind subjektiv und nicht von den objektiven Gegebenheiten der Situation abhängig. Nach Abschluss des Bewertungsprozesses folgen Bewältigungshandlungen, die entweder auf die Veränderung der Situation (instrumentelles Coping) oder auf intrapsychische Bewältigungsstrategien (emotionales Coping) abzielen. Das Modell bietet Ansätze für die individuelle Stressprophylaxe und -bewältigung, beispielsweise durch kognitive Techniken zur Veränderung der Situationseinschätzung und das Training individueller Stressbewältigungsstrategien. *(Ernst/Franke/Franzkowiak, 2022)*

4.2 Beispiele für Coping-Strategien

Im transaktionalen Stressmodell spielt das Copingverhalten eine bedeutende Rolle. Coping bezeichnet die Bewältigung von internen und externen Anforderungen, die die individuellen Ressourcen übersteigen. Zwei Hauptarten des Copings sind das problembezogene (instrumentelle) und das emotionsbezogene (palliative) Coping.

- Problembezogenes (instrumentelles) Coping:
  Beschreibung: Beim problembezogenen Coping wählt eine Person konkrete Handlungen, um mögliche Bedrohungen oder Belastungen abzuwenden. Dies kann beispielsweise eine Anpassung der Arbeitsstrategie, das gezielte Erlernen neuer Kompetenzen oder das offene Ansprechen von Konflikten sein.
  Beispiel: Stellen Sie sich vor, ein Mitarbeiter erlebt Stress aufgrund eines hohen Arbeitsaufkommens. Um diesem Stress entgegenzuwirken, entscheidet er sich dazu, eine effizientere Zeitmanagement-Strategie zu entwickeln, um Aufgaben besser zu priorisieren und zu bewältigen.
- Emotionsbezogenes (palliatives) Coping:
  Beschreibung: Beim emotionsbezogenen Coping greift eine Person zu Handlungen, die auf Emotionsregulation abzielen, anstatt direkt das Problem zu lösen. Typische Beispiele sind Ablenkungs- oder Konsumverhalten, wie zum Beispiel ins Kino gehen, rauchen oder essen. Diese Handlungen bieten zwar vorübergehende Entlastung, beeinflussen jedoch nicht die eigentliche Ursache der Stresssituation.

Beispiel: Angenommen, jemand erfährt emotionalen Stress aufgrund von zwischenmenschlichen Konflikten. Um mit diesen Emotionen umzugehen, entscheidet sich die Person dafür, ins Kino zu gehen und sich durch einen Film vorübergehend abzulenken, ohne jedoch die Konflikte aktiv anzugehen. (Seibel/Lühring, 1984)

Kritik am Modell

Das Transaktionale Stressmodell wird trotz seiner umfassenden Perspektive kritisiert. Hauptkritikpunkte sind die subjektive Messmethode der Stressbewertung, die von Person zu Person variiert und einen einheitlichen Standard vermissen lässt. Zudem wird das Modell als zu komplex und abstrakt betrachtet, was die praktische Anwendung in Einzelsituationen problematisch macht. Es berücksichtigt kulturelle und soziale Unterschiede in der Stressbewertung nur begrenzt und scheint sich eher auf akute als auf chronische Stresssituationen zu konzentrieren. Trotz dieser Kritikpunkte wird das Transaktionale Stressmodell als bedeutender Beitrag zur Stressforschung angesehen. Durch seine Betonung der persönlichen Bewertung, der Wechselwirkung und der Anpassung ermöglicht es ein tiefgreifendes Verständnis individueller Stresserlebnisse. Im Vergleich zum traditionellen Stimulus-Reaktions-Modell bietet es ein nuanciertes Bild der persönlichen Stressbewältigung, das Raum für individuelle Unterschiede und die Entwicklung von Bewältigungsfähigkeiten lässt. Forscher betonen, dass das Modell, wenn richtig interpretiert und angewandt, wertvolle Einblicke liefert und als effektives Werkzeug zur Förderung positiver Veränderungen im Umgang mit Stress dienen kann. *(StudySmarter, n.d.)*

5 Diskussion und Fazit

Die eingehende Analyse der verschiedenen Perspektiven der Prävention verdeutlicht die komplexe Natur von Gesundheitsförderung am Arbeitsplatz. Die universelle Perspektive betont die Rolle von Persönlichkeitseigenschaften und Führung in der Gestaltung gesunder Arbeitsumgebungen. Die individuelle Perspektive hebt die Bedeutung von Coaching als Instrument zur Förderung des Wohlbefindens am Arbeitsplatz hervor, während die institutionelle Perspektive durch das transaktionale Stresskonzept von Lazarus einen Einblick in die Bewältigung von Stresssituationen bietet. In Bezug auf die Persönlichkeitseigenschaften zeigt sich, dass ein tieferes Verständnis dieser Merkmale dazu beitragen kann, präventive Maßnahmen besser auf individuelle Bedürfnisse abzustimmen. Die Rolle der Führungskräfte als zentrale Akteure im Gesundheitsmanagement am Arbeitsplatz unterstreicht die Notwendigkeit gezielter Schulungen und Programme, um deren Einfluss auf das Wohlbefinden der Mitarbeiter zu maximieren. Die individuelle Perspektive betont die Wirksamkeit von Coaching als präventive Maßnahme. Das Fallbeispiel illustriert, wie verschiedene Berufsgruppen in einem Coachingprozess zusammenarbeiten können, um individuelle Bedürfnisse zu identifizieren und wirkungsvolle Strategien zur Verbesserung der Lebensqualität zu entwickeln. Das transaktionale Stresskonzept von Lazarus erweitert das Verständnis von Stressbewältigung und zeigt, dass Coping-Strategien vielfältig sind. Die Herausforderung liegt in der Auswahl der am besten geeigneten Strategien in verschiedenen Kontexten.

Die vorliegende Arbeit betont die Bedeutung einer umfassenden und integrierten Herangehensweise an die Gesundheitsprävention am Arbeitsplatz. Die Untersuchung der Persönlichkeitseigenschaften, der Führungsdynamik, des Coachings und der Coping-

Strategien verdeutlicht, dass kein isolierter Ansatz ausreicht. Stattdessen erfordert eine effektive Prävention eine ganzheitliche Betrachtung, die die individuellen, sozialen und organisatorischen Aspekte berücksichtigt. Die Erkenntnisse dieser Analyse können als Grundlage für die Entwicklung gezielter Interventionen dienen. Maßnahmen sollten nicht nur auf die individuellen Bedürfnisse und Ressourcen abgestimmt sein, sondern auch organisatorische Veränderungen berücksichtigen, um gesundheitsförderliche Arbeitsbedingungen zu schaffen. Die Diskussion hebt hervor, dass trotz der Kritikpunkte an den verschiedenen Perspektiven der Prävention, diese Modelle wertvolle Einblicke und Handlungsansätze bieten. Es bleibt jedoch wichtig, die Anwendbarkeit und Effektivität der präventiven Maßnahmen kontinuierlich zu evaluieren und zu verbessern, um nachhaltige Veränderungen im Bereich der Arbeitsplatzgesundheit zu fördern.

6 Literaturverzeichnis

Barmer (2023): Führung und Gesundheit | BARMER. Online verfügbar unter https://www.barmer.de/firmenkunden/workshops-und-seminare-unternehmen/bgm-trainings-team-workshops/gesunde-fuehrung-1057042, zuletzt aktualisiert am 24.11.2023, zuletzt geprüft am 24.11.2023.

Ernst, Gundula; Franke, Alexa; Franzkowiak, Peter (2022): Stress und Stressbewältigung.

Fuchs, Tatjana (2006): Was ist gute Arbeit? Anforderungen aus der Sicht von Erwerbstätigen ; Konzeption und Auswertung einer repräsentativen Untersuchung. 2. Aufl. Bremerhaven: Wirtschaftsverl. NW - Verl. für neue Wissenschaft (INQA-Bericht, 19). Online verfügbar unter https://www.inqa.de/SharedDocs/downloads/webshop/was-ist-gute-arbeit-anforderungen-aus-der-sicht-von-erwerbstaetigen?__blob=publicationFile&v=2.

Gerardi, Claudia (2014): Führung und psychische Gesundheit. Fachkonzept. Berlin: DGUV.

Karriere.Haus (2023): Gesundheitscoaching für Unternehmen. Online verfügbar unter https://karriere.haus/gesundheitscoaching-fuer-unternehmen/, zuletzt aktualisiert am 06.06.2023, zuletzt geprüft am 25.11.2023.

Renneberg, Babette (Hg.) (2006): Gesundheitspsychologie. Mit 21 Tabellen. Heidelberg: Springer Medizin-Verl. (Springer-Lehrbuch Bachelor/Master). Online verfügbar unter http://digitale-objekte.hbz-nrw.de/webclient/DeliveryManager?application=DIGITOOL-3&owner=resourcediscovery&custom_att_2=simple_viewer&user=GUEST&pid=1506652.

Seibel, Hans Dieter; Lühring, Horst (1984): Arbeit und psychische Gesundheit. Belastungen und Beanspruchungen durch die Arbeit und ihre Auswirkungen auf die psychische Gesundheit ; eine Untersuchung bei männlichen und weiblichen Arbeitern und Angestellten. Göttingen: Verl. für Psychologie Hogrefe.

StudySmarter (2023): Transaktionales Stressmodell: Lazarus Theorie & Neubewertung. Online verfügbar unter https://www.studysmarter.de/schule/psychologie/anwendungsdisziplinen-der-psychologie/transaktionales-stressmodell/, zuletzt aktualisiert am 25.11.2023, zuletzt geprüft am 25.11.2023.